Matthias Struck

Dorfleben im
OLDENBURGER LAND
in den 50er Jahren

Fotos von Heinrich Kunst

Wartberg Verlag

Text: Matthias Struck
Fotonachweis: Sämtliche Fotos „Oldenburgische Landschaft“, Oldenburg

1. Auflage 1999

Druck: Grindeldruck, Hamburg
Buchbinderische Verarbeitung: Hollmann, Darmstadt

34281 Gudensberg-Gleichen, Im Wiesental 1
Tel.: 0 56 03/9 30 50
ISBN 3-86134-485-8

Dorfleben im OLDENBURGER LAND in den 50er Jahren

In 75 eindrucksvollen Farbdias aus dem Bildarchiv der „Oldenburgischen Landschaft“, die der Hauptlehrer Heinrich Kunst in den 1950er und frühen 1960er Jahren im Gebiet des Oldenburger Landes aufnahm, zeigt dieser Bildband dörfliche Lebensformen und ländliches Handwerk, die es in dieser Form heute meist nicht mehr gibt. Aussaat und Ernte, Moorkultivierung, Fischfang, verschiedene Handwerksberufe, Schulalltag, Volksfeste und Bräuche und anderes mehr sind in diesem Band abgebildet und bieten einen interessanten Einblick in das Landleben der Nachkriegszeit.

Mögen bei der Betrachtung der alten Bilder auch Gefühle nostalgischer Verklärung aufkommen, so darf man nicht vergessen, daß gerade der Arbeitsalltag in der Landwirtschaft hart und mühsam war und die Maschinen, die im Laufe dieses Jahrhunderts entwickelt und eingesetzt wurden, sehr zur Entlastung der Landbevölkerung beitrugen. Während es 112 Stunden dauerte, einen Hektar Getreide mit der Sense zu ernten, benötigte der Bauer dafür mit einem pferdegezogenen Selbstbinder 40 Stunden und bewältigt es heute mit selbstfahrendem Mähdrescher in nur 1,8 Stunden. Neben dem Wandel der Arbeitstechniken wurde aber manche alte Tradition der Freizeitgestaltung gepflegt und erfreut sich bis heute großer Beliebtheit, so das Heimatspiel Boßeln und Klootschießen.

Heinrich Kunst, der Schöpfer dieser Fotografien, wurde am 19.5.1900 in Hatten geboren. Nachdem er 1915 bis 1921 das Lehrerseminar in Oldenburg besucht hatte, trat er Lehrerstellen in Idafehn, Heidkrug und Adelheide an. Von 1939 bis 1945 war er Soldat, danach Lehrer in Neuenburg, von 1954 bis zu seiner Pensionierung 1966 Schulleiter in Grabstede. Er hatte es sich zur Lebensaufgabe gemacht, die Natur, Landschaft und Menschen seiner Heimat in einem Dia-Archiv von unschätzbarer Vielfalt festzuhalten. Zu jeder Jahreszeit fuhr er mit der Kamera über Land, in Heimatvereinen und andernorts hielt er große Lichtbildervorträge und wurde so zu einem der bekanntesten Fotografen dieser Region. Seine Bilder wollte er auch als Mahnung für den Erhalt von Natur und Umwelt verstanden wissen.

Von 1934 bis 1939 wirkte Heinrich Kunst an der Heimatbeilage der „Oldenburgischen Staatszeitung“ mit. Um 1935 veröffentlichte er den Band „Mien schöne Delmenhorster Geest“. 1970 erschien sein Bildband „Das Ammerland in Bildern von gestern und heute“ (2. Auflage 1977), mit Staatsarchivdirektor a.D. Hermann Lübbing publizierte er die Bildbände „Das Oldenburger Land“ (1962), „Ostfriesland“ (1973), „Das Jeverland und die Friesische Wehde“ (1974) sowie „Die Wesermarsch“ (1975).

Am 28.11.1976 kam Heinrich Kunst in Rastede bei einem Verkehrsunfall ums Leben. Seine Tochter übergab seinen umfangreichen fotografischen Nachlaß der „Oldenburgischen Landschaft“, die als Körperschaft des öffentlichen Rechts die kulturellen und historischen Belange des ehemaligen Landes Oldenburg wahrt und fördert und in deren Bildarchiv die Dias von Heinrich Kunst sorgsam verwahrt werden. Die Auswahl daraus leistete für diesen Band der Wartberg Verlag.

Oldenburg, im Juni 1999

Foto links: Geest, Marsch und Moor prägen das landschaftliche Erscheinungsbild des Oldenburger Landes. Der breite Geestrücken, aus dem die oldenburgisch-ostfriesische Halbinsel besteht, ist eine saaleeiszeitliche Ablagerung aus Sand, Kies oder Ton. Die Marsch aus Anschwemmungen des Meeres und der Küstenflüsse bietet der Landwirtschaft fruchtbaren Boden. Die grünen Wiesen sind von Bächen und Entwässerungsgräben durchzogen. Über das flache Land, das sich bis zur Nordseeküste erstreckt, weht allzeit ein frischer Wind. All dies formte die Menschen dieses Landstriches und wirkt bis heute.

Foto oben: Die Mädchen fahren mit ihren Puppenwagen aus. Diese schönen Puppenwagen mit Kunststoffkorb, Schiebeverdeck und verchromten Schutzblechen nahmen das stromlinienförmige Design der fünfziger Jahre auf und gehörten damals zum Standardspielzeug der Mädchen, die damit auf ihre künftige gesellschaftliche Rolle vorbereitet wurden. Heute werden die erhaltenen Stücke auf Flohmärkten gehandelt und von Liebhabern gesammelt. Das Spiel mit Puppenwagen ist vergleichsweise jung: Erst in der Mitte des 19. Jahrhunderts kam die Sitte auf, mit den Säuglingen und Kleinkindern auszufahren, erst um 1880 wurden die zunächst gebräuchlichen Holzwägelchen von Kinderwagen mit Körbchen abgelöst.

Vorherige Seite: Herbststimmung an der Grabsteder Schule.

Diese Aufnahme wurde 1961 an der Schule in Grabstede gemacht. Die Schulanfänger werden eingeschult und präsentieren sich erwartungsvoll mit ihren großen Schultüten, die manches brauchbare Utensil für den bevorstehenden Unterricht und auch etwas Süßes enthalten.

Was mag dieser neue Lebensabschnitt bringen? Der Gesichtsausdruck der Kinder verrät sehr unterschiedliche Gefühle: Einige sind neugierig und freuen sich auf neue Erfahrungen, anderen ist diese erste Trennung vom Elternhaus noch nicht geheuer.

Im Klassenzimmer geht es lebendig zu. Es wird fleißig in die Kladden geschrieben, und ein Mädchen mit langen geflochtenen Zöpfen neckt den vor ihm sitzenden Jungen. Während die Schulklassen in den Städten mitunter nach Geschlechtern getrennt waren, gab es im Einzugsgebiet der kleinen Dorfschulen dafür zu wenige Kinder; oft wurde deshalb sogar jahrgangsübergreifend unterrichtet. Schulgeschichte vergangener Tage ist heute noch im „Nordwestdeutschen Schulmuseum" in Bohlenbergerfeld im Landkreis Friesland erlebbar.

„He löppt noch!“ Das Boßeln ist ein altes friesisches Volksspiel, das zu allen Jahreszeiten auf Landstraßen oder auch Weiden betrieben wird. Bei der Boßel handelt es sich entweder um eine Pockholzkugel von 12,5 oder 10,5 Zentimetern Durchmesser oder um eine kleinere Gummikugel. Die Kugel, deren Gewicht zwischen 1000 und 1200 Gramm liegt, wird flach aus der Hüfte geworfen und kann bis zu 200 Meter weit rollen, wenn sie nicht abkommt oder auf ein Hindernis stößt. Dem Boßeln eng verwandt ist das beliebte Klootschießen, das als Wettkampfspiel mit einer Pockholzkugel von 58 Millimetern Durchmesser und 475 Gramm Gewicht gespielt wird.

Feierlich ziehen die Konfirmanden mit ihrem Pastor aus der Kirche. Während der Norden des Oldenburger Landes protestantisch geprägt ist, dominiert im südlichen Teil, dem Oldenburger Münsterland, die katholische Konfession.

Die spätmittelalterlichen Kirchen in Friesland waren zugleich Wehr- und Schutzbauten gegen feindliche Angriffe und gegen die Sturmfluten. Sie stehen meistens auf hohen Wurten oder Warfen, also künstlichen Erdhügeln. Während die Granitquader für den Bau importiert werden mußten, gab es für den später verwendeten Backstein entsprechende Tonvorkommen in der Region. Die Glockentürme stehen im friesischen Raum üblicherweise frei.

Eine Mädchenklasse hat Zeichenunterricht im Freien. Eifrig skizzieren die Schülerinnen nach der Natur, vergleichen und korrigieren. Außerhalb des Klassenzimmers wirken das Licht und auch die Proportionen ganz anders.

In der Pause spielen die Kinder ausgelassen auf dem Schulhof. Die Mädchen haben einen Reigen gebildet. Der Bewegungsdrang der Jungen ist offenbar stärker, so daß sie sich gern dem Ballspiel widmen. Nach der Pause muß man dann wieder still sitzen und darf sich nicht rühren.

Ein Schulausflug führt im Jahre 1954 an das Lengener Meer. Dieser eindrucksvolle Hochmoorsee liegt westlich von Neuenburg (Friesland) und mißt etwa 15 Hektar. Seine Tiefe beträgt nur bis zu 1,40 Meter. Auf dem Seeufer finden sich seltene Hochmoorpflanzen. Das Lengener Meer entstand dadurch, daß die umliegenden Moore allmählich hochwuchsen und sich das Moorwasser im Bereich des Sees sammelte. Die Mädchen sitzen im Gras, genießen die Ruhe und erfrischen sich mit ihren mitgebrachten Getränken.

Foto oben: Eine Wanderung führt auf einem schmalen Baumstamm über eine Bäke. Hier gilt es, nur nicht das Gleichgewicht zu verlieren.

Foto unten: Auch diese Aufnahme entstand am Lengener Meer. Da der Wind hier meist aus Westen weht, hat sich am nördlichen und nordöstlichen Ufer eine Abbruchkante gebildet, während der Hochmoorsee im Süden und Südwesten allmählich verlandet. Der rhythmische Wellenschlag bannt die am Ufer hockenden Kinder, einige lassen ihre Beine ins Wasser baumeln.

Nächste Seite: Der Turnplatz lädt zu sportlicher Betätigung ein. Schnell klettern die Jungen die Seile hinauf und gleiten wieder herunter. Einer stemmt sich gar an der Firststange empor. Im Hintergrund wird am Barren geturnt. Eine Turnhalle war damals noch etwas Besonderes.

Foto oben: 1951 wurden die Bundesjugendspiele als sportliche Leistungsprüfung für Jugendliche vom 10. bis 21. Lebensjahr eingeführt. In verschiedenen Kategorien wie 100-Meter-Lauf, Weitsprung oder Weitwurf messen die Kinder und Jugendlichen sich miteinander. Unsere Aufnahme stammt von den Bundesjugend spielen des Jahres 1959 in Neuenburg.

Foto unten: Die Urkunden werden an die Sieger der Bundesjugendspiele verteilt. Allein die erreichte Leistung zählt; wer trotz großen Engagements seine Konkurrenten nicht übertrumpfen konnte, zählt zu den Verlierern.

Die Sieger im Schleuderball präsentieren sich stolz mit ihrer Tafel. Der Schleuderball ist ein lederner Vollball mit einer 28 Zentimeter langen Schlaufe und einem Gewicht von einem bis anderthalb Kilogramm. Er wird zum Werfen an der Schlaufe gegriffen, durch Armkreisen in Schwung gebracht und dann losgelassen, so daß er möglichst hinter der Mallinie der gegnerischen Mannschaft landet. Zwei Jungen in der vorderen Reihe halten einen solchen Schleuderball in den Händen. Die dunklen Shorts und die weißen Trikots stellen die übliche Sportkleidung dieser Zeit dar.

Foto oben: Im landwirtschaftlich geprägten Oldenburger Land war der Schmied ein wichtiger Handwerker im Dorf. Obiges Gebäude ist die Dorfschmiede von Westerloy im Ammerland. Einige Pferde, die davor stehen, sollen beschlagen werden. Die Kinder stehen mit einer großen Milchkanne dabei und schauen der Arbeit interessiert zu.

Foto unten: Der Schmied steht an der Esse mit dem offenen Schmiedefeuer. Auf der Esse liegen allerlei Feuergeräte, die er für seine Tätigkeit benötigt. Wenn das Eisen glühend ist, so schmiedet er es auf dem Amboß oder im Gesenk. Er gibt ihm die gewünschte Form und verdichtet das Material durch Hammerschläge.

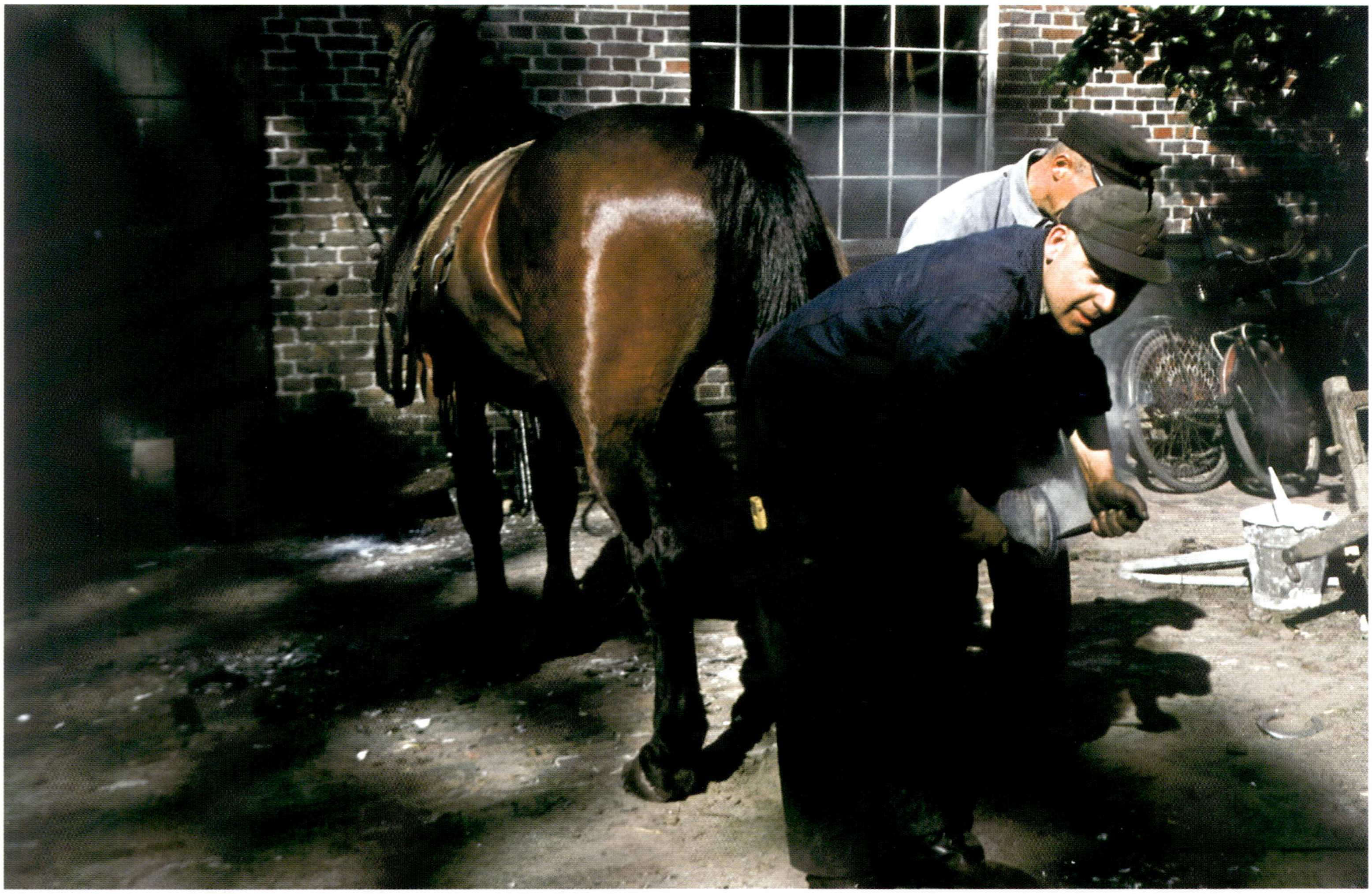

Vor dem Hufbeschlag werden das alte Hufeisen, die Hufnägel und eventuelle Verunreinigungen und Unebenheiten entfernt. Dann kann ein neues Hufeisen befestigt werden. Da der Huf von einer Hornkapsel überzogen ist, spürt das Pferd beim Beschlagen nur die Vibration. Das Bein des Pferdes muß aber gut festgehalten werden, so daß es nicht ausschlagen kann, da sein Schlag dem Schmied allerschwerste Verletzungen beibringen könnte. Das Hufeisen schützt vor übermäßiger Abnutzung der Hufe auf hartem Boden, dient zur Heilung kranker Hufe und gleicht Fehlstellungen aus. Beim Rind spricht man vom Klauenbeschlag.

Foto links: Der natürliche Werkstoff für das Dachdecken war in Norddeutschland das Reith (oder Reet), wie das Schilfrohr hier genannt wird. Reith war ein billiges, leicht verfügbares und leicht zu verarbeitendes Material. Das Schilf wird im Winter geerntet, wenn der sumpfige Boden hartgefroren ist, von Blattresten gereinigt, die auf dem Dach faulen würden, zu Bunden zusammengefaßt und zum Trocknen in Hocken aufgestellt. Die Reithbunde werden zum Decken auf das Dach getragen, ausgebreitet und auf die Latten gebunden. Man arbeitet sich von der Traufe zum First hoch, der mit Heide oder Dachpfannen bedeckt wird. Typisches Handwerkszeug des Reithdachdeckers sind der „Klopfer", die hölzernen Steighilfen, die durchs Reith an die Dachlatten gehängt werden, oder die „Knechte" zum Niederhalten des Spanndrahtes. Nachdem die traditionellen Reithdächer zunehmend verschwanden, weil wohlhabende Hofbesitzer die städtische Bauweise nachahmten und Dachziegel verwendeten, erlebte das Reithdach in den 1970er Jahren seine Wiederentdeckung und wurde oft auch zum Prestigeobjekt.

Foto oben: Wenn der Dachstuhl eines Neubaues fertiggestellt ist, feiern die Handwerker und der Bauherr das Richtfest, bei dem es oft sehr lustig zugeht. Auf dem Dachfirst wird ein Richtkranz aufgestellt. Hier tragen die Handwerker die Bauherrin auf dem Richtfestsparren zum Haus.

Foto oben: Auch die Fertigung von Wagenrädern ist ein wichtiges Handwerk, das zum Aufgabenbereich des Stellmachers gehört. Das hölzerne Rad besteht aus der Nabe, den Speichen und der Felge, die meist mit einem eisernen Reifen umgeben ist.

Foto unten: Dieser Dreher hat auf seiner Drehbank ein Werkstück eingespannt. Das Werkstück wird mittels des Spannfutters gehalten. Durch eine Spindel (der Spindelkasten befindet sich im Bild am hinteren Ende) wird es mit einer bestimmten Drehzahl angetrieben, so daß der Dreher es mit seinem Drehmeißel bearbeiten kann. Voller Konzentration ist er an der Arbeit.

Foto rechts: Die Stuhlflechterin flicht einen Stuhl mit Binsen. Da die Binse – eine grasähnliche Sumpfpflanze mit röhrigen halmähnlichen Blättern – praktisch keinen Nährwert besitzt, wird sie als wertlos angesehen, wie auch der Begriff „Binsenweisheit“ oder die Redewendung „in die Binsen gehen“ nahelegen. Für diesen einfachen, doch soliden Stuhl ist das robuste Material aber sehr geeignet.

Foto nächste Seite: Voll scheuer Neugier betrachten die Kinder den großen Bienenkasten des Imkers. In regem Flug schwärmen die Bienen ein und aus, sammeln auf Feldern und Wiesen die Blütenpollen und produzieren Honig und Wachs. Etwas Angst vor einem Stich hat man wohl, aber die Bienen sind nicht angriffslustig, denn ihr Stachel bleibt – anders als bei Wespen – in der Haut stecken, und wenn sie ihn verlieren, so müssen sie sterben. In einem Bienenstock leben 20 000 bis 70 000 Arbeitsbienen mit meist nur einer Königin sowie im Sommer 500 bis 2 000 Drohnen. Alles ist dort wohlorganisiert. Vor der Kastenbienenzucht mit den herausnehmbaren Rähmchen in Kästen war die Korbbienenzucht üblich.

35
36
37
40
39

Foto links oben: In dieser Schuhmacherei in Grabstede fertigt Schuster Weerts die Schuhe noch selbst. In der Werkstatt liegen die zahlreichen Werkzeuge, die er dafür benötigt, zum Beispiel die Ahle, die Glättschiene, der Dreifuß, der Leisten, der Spannriemen und verschiedene Raspel, Messer und Zangen. Der Schuster heftet die Brandsohle auf den Leisten, stülpt den Schaft darüber und zwickt ihn auf der Brandsohle mit Täcksen (Stahlstiften) fest. Dann legt er die Sohle auf und verbindet sie mit der Brandsohle. Heute ist diese Arbeit zu aufwendig, die Schuhe werden kostengünstiger in Fabriken produziert, so daß der Schuhmacher sich auf Reparaturen spezialisiert hat.

Foto links unten: Am „Automaten".

Foto oben: Auch der Sattler, der das Leder verarbeitet, übt ein altes Handwerk aus, das aus dem ländlichen Raum nicht wegzudenken ist. Zu seinen Werkzeugen zählen unter anderem Nähkloben, Lederhobel, Garniernadel, Riemenschneidemaschine sowie einige Messer, Zirkel und Zangen.

Foto oben: Die Küstenregion ist arm an natürlichem Gestein. So werden hier seit Jahrhunderten Ziegel aus Lehm und Ton gebrannt. In der Architektur Norddeutschlands entwickelten sich dadurch sogar eigene Stile wie die Backsteingotik oder der Klinker-Expressionismus. Im Oldenburger Land sind besonders die „Bockhorner Klinker“ als hochwertiges Baumaterial bekannt. Aus ihnen wurde auch der Oldenburger Hauptbahnhof in den Jahren 1911 bis 1915 erbaut. Auf dem oberen Bild ist die Ziegelei in Grabstede zu sehen. Der Ofen wird mit Torf befeuert, der als Brennmaterial reichlich zur Verfügung steht.

Foto unten: Feurig lodert es aus dem Brennloch. Die Ziegel werden nach dem Trocknen bei etwa 1100°C im Ofen gebrannt. Je höher die Brenntemperatur ist, desto fester und dichter werden die Backsteine. Dabei unterscheidet man zwischen Mauerziegel, Hartbrandziegel und Klinker. Durch mineralische Zugaben können dem Ziegel verschiedene Färbungen oder glasige Oberflächen gegeben werden, so daß er rotbraun bis violett schillern kann.

Ein Lorenzug bringt den Ton zur Ziegelei, wo er zerkleinert, geknetet, geformt, getrocknet und schließlich gebrannt wird. Der Bedarf an Klinkern ist groß, da in den fünfziger Jahren viel gebaut wird. Es ist eine Zeit des Aufbruchs, das Wirtschaftswunder gibt manchem die Möglichkeit zum Eigenheimbau, und auch viele Vertriebene sind hier heimisch geworden und brauchen Wohnraum. Für den kleinen Knirps, der in einer der Loren sitzt, spielt all das jedoch keine Rolle, denn ihn interessiert nur die abenteuerliche Fahrt.

Foto oben: Unter blühenden Bäumen lauschen die zahlreichen Zuhörer einem Sängerfest in Grabstede. Es herrscht sonniges Wetter, die Menschen sind entspannt und freuen sich über diese Möglichkeit der kulturellen Unterhaltung und der Geselligkeit. Man trinkt Limonade oder eine Flasche Bier und genießt den Tag.

Foto links: Ein uralter Brauch ist das Osterfeuer, das am Abend des Ostersamstags oder Ostersonntags an vielen Orten entzündet wird. Die Bevölkerung versammelt sich um das lodernde Feuer, das allmählich zu einem Berg aus heißer Glut zusammenfällt und eine ganz eigentümliche Magie auf den Betrachter ausübt. Da sich in den Haufen viele Tiere einnisten, wird das Brennmaterial heutzutage kurz vor dem Feuer umgeschichtet. Die Rauchbelästigung für die Anwohner hat besonders im städtischen Bereich diese Tradition seltener werden lassen.

Foto oben: Der „Tag des Baumes“ wird hier im Jahre 1960 in Grabstede begangen. Die Kinder haben sich an der Schule versammelt, die jungen Bäume, die gesetzt werden sollen, liegen auf einem Holzwagen, der von zwei Jungen gezogen wird, die Spaten und Holzpflöcke sind geschultert. Alle sind gern bereit, den eigenen Ort mit neuen Bäumen zu begrünen. Nun kann es losgehen.

Foto rechts: Am Wegesrand wird eine junge Kastanie eingepflanzt. Der Pflock, an den sie mit Hanfband gebunden wird, schützt sie vor dem Wind, solange sie noch nicht festgewurzelt ist. Aus einen Zinkeimer wird Wasser in die Gießmulde gegossen. Alle hoffen, daß aus dem kahlen Bäumchen einmal eine mächtige Kastanie wird, die Schatten spendet, den Vögeln Nistgelegenheit bietet und im Herbst reichlich Kastanien abwirft.

Oldenburg
141
Plakhüter
Kreis I.
Butjadinger

Fotos links: Ein üppiger Ehrenbogen heißt die Besucher des „Friesentages", des Festes der Klootschießer, 1954 in Bockhorn willkommen. Seit 1951 bilden die oldenburgischen Kreisverbände Ammerland, Butjadingen, Friesische Wehde, Jeverland, Stadland und Waterkant – hinzu kam noch der 1955 gegründete Kreisverband Wilhelmshaven – mit über 100 Einzelvereinen und rund 8000 Mitgliedern den „Landesverband Oldenburg" im Friesischen Klootschießer-Verband, der eine rege Tätigkeit ausübt und auch die plattdeutsche Sprache pflegt. „Lüch up un fleu herut" lautet der Gruß der Klootschießer. Das Klootschießen ist besonders in Oldenburg, Ostfriesland, Schleswig-Holstein und den Niederlanden verbreitet. Man verwendet eine glatte Klootkugel (auch „Eiskugel", „Iskloot" oder „Kloot" genannt) aus hartem Holz, die einen Durchmesser von 58 Millimetern und ein Gewicht von 475 Gramm hat. Um dieses Gewicht zu erreichen, ist die Kugel in drei sich kreuzenden Bohrungen mit Blei ausgegossen. Die Klootkugel wird auf dem Felde durch die Luft geschleudert, der erste Aufschlag markiert die „Flüchtweite", die bis zu hundert Meter beträgt und auf die im Winter noch der „Trüll" – die Strecke, die sie in Sprüngen zurücklegt – folgt. Beim Standwerfen (mit fester Abwurfstelle) ist derjenige Sieger, der die höchsten Flüchtweiten erreicht, beim Feldwerfen muß die für beide Parteien festgelegte Wurfstrecke von etwa sechs Kilometern mit möglichst wenigen Würfen bewältigt werden.

Foto oben: Die Wurftechnik beim Klootschießen besteht im Bereich des „Friesischen Klootschießerverbandes" darin, daß der Werfer (der „Smieter") auf einer 25 Meter langen Matte Anlauf nimmt, vom Sprungbrett abspringt und der Kugel durch das Drehen des Armes um etwa 360° ihre Fliehkraft verleiht. Demgegenüber schleudern die Holsteiner „Smieter" die Kugel nach einer vollen Umdrehung ihres ganzen Körpers in die Bahn.

Der Abend vor der Hochzeit wird als Polterabend gefeiert. Die Nachbarn binden aus diesem Anlaß einen Hochzeitskranz, der dann über der Haustür aufgehängt wird; einer spielt dazu beliebte Melodien auf dem Akkordeon. Die Gäste – jedermann darf ungeladen kommen – bringen am Polterabend Töpfe und altes Geschirr („Schrappschöörn") mit und zerschlagen es vor dem Hause, um mit dem Lärm „böse Geister" zu vertreiben. Auch das Verbrennen und Vergraben der Junggesellenhose ist üblich.

Fotos oben: Wenn das Aufgebot bestellt ist, geht der Hochzeitsbitter – oftmals der Schneider des Dorfes – in Gehrock („Sniepel") und Zylinder („Stintschäpel") von Haus zu Haus. Er führt einen langen Stab mit sich, um den die Braut, bei der er sich als erstes vorstellt, ein buntes Band bindet. Auf seinem Gang binden alle Leute, die zur Hochzeit kommen wollen, ein weiteres Band an den Stab. Beim Abzählen der Bänder weiß man, wieviele Gäste zu erwarten sind. In allen Häusern sagt der Hochzeitsbitter ein langes Gedicht auf, das herkömmlich mit dem Vers endet: „Löpel, Messer un Gabel mööt't Ji Jo sülben mitbringen!" (Löffel, Messer und Gabel müßt Ihr Euch selbst mitbringen).

Nächste Seite: Im Winter herrscht reges Treiben auf den zugefrorenen Seen und Bächen, hier in Conneforde. Man läuft auf hölzernen „Holländern" oder „Schöfels" mit einer dünnen Eisenkufe oder aber auf eisernen Schlittschuhen, die mit einem Schlüssel am Absatz hoher Schnürstiefel festgeschraubt werden; auch einen Riemen braucht man zum besseren Halt. Schlittschuhe, bei denen die Kufe fest mit der Sohle verbunden ist, gibt es noch nicht. Einige Kinder haben ihren Schlitten mit aufs Eis genommen.

Fotos links und oben: Auf den alten Klinkerstraßen des Oldenburger Landes läßt es sich gut boßeln. Ein geübter Boßler erreicht eine Rollstrecke von bis zu 200 Meter. Oft kommt die Kugel aber vom Wege ab und rollt in einen Graben, aus dem sie dann herausgefischt werden muß. Solange sie aber rollt, gilt der Gruß: „He löppt noch!" (Er läuft noch). Bei Wettkämpfen zwischen Boßelvereinen gewinnt die Mannschaft, die eine zuvor festgelegte Strecke mit den wenigsten Würfen bewältigt. Der Vorsprung wird in „Wurf" und „Trae" (Schritt) gemessen. Auf Kohlfahrten wird der Weg zum Lokal oft mit Boßeln, manchmal aber auch mit Besenwerfen („Bessensmieten") zurückgelegt, bei dem ein Strauchbesen im Wettstreit zweier Mannschaften mit möglichst wenigen Würfen zum Zielort transportiert werden muß.

Foto oben: Die jungen Leute fahren mit dem Trecker über Land. Es handelt sich hier um einen „Lanz", die führende Marke unter den Landmaschinenproduzenten. Der Trecker zieht einen hölzernen Anhänger, am Rand steht der knorrige Stumpf einer Weide.

Foto links unten: Mit einem Pferdegespann werden die Milchkannen zur Molkerei gefahren. Dort wird die Milch dann geprüft, gewogen, gereinigt, auf den gewünschten Fettgehalt eingestellt und pasteurisiert.

Foto rechts unten: Die schwarzbunte Kuh wird noch von Hand gemolken. Im rhythmischen Wechsel preßt die Bäuerin die Zitzen des Euters und imitiert so das Saugen des Kalbes. Die ergiebige Milch spritzt in den Melkeimer. Die Milchwirtschaft spielt im Oldenburger Land nach

wie vor eine wichtige Rolle. Die Milchleistung steigerte sich zwischen 1950 und 1985 von 101 auf 261 Kilogramm Fett pro Kuh.

Foto oben: Dieses Rauchhaus („Rookhus") befindet sich im ammerländischen Bokel. Die mittelalterliche Einheit von Wohn- und Wirtschaftsräumen ist hier noch gegeben, eine Trennwand zwischen Diele und Herdraum fehlt. Bauernhäuser dieser Bauart haben noch keinen Schornstein, so daß der Rauch sich im Raum verteilt und dann durch Türen und Dach entweicht. Der vom Herdfeuer aufsteigende Rauch räuchert die unter dem abgedichteten Balkenbelag hängenden Schinken, Speckseiten und Würste und macht sie damit haltbar.

Foto links oben: Der Sämann mit seinem Sätuch streut das Saatgut auf den Acker, damit es eine reiche Ernte bringt. Alle Pflanzen, die Frucht über der Erde tragen, sollen nach dem Volksglauben bei zunehmendem Mond gesät werden, die mit unterirdischer Frucht bei abnehmendem Mond. Beim Säen unterscheidet man zwischen der Breitsaat, die auf kleinen Flächen üblich ist, und den beiden Formen der Reihensaat, nämlich der Drillsaat, bei der fortlaufend in Furchen gesät wird, so daß der Samen sparsam und günstig eingebettet und die weitere Arbeit an den aufgehenden Pflanzen erleichtert wird, sowie der Dibbelsaat, bei der auf einer Stelle jeweils mehrere Samenkörner ausgesät werden (z.B. bei Mais oder Rübe).

Foto links unten: Bauer Frers schneidet das Getreide mit „Seeg un Bick" (Sichte und Haken). Die Sichte (oder auch Kniesense, Säget) ist eine Zwischenstufe zwischen Sichel und Sense, die früher in Nordwestdeutschland verbreitet war. Mit der linken Hand faßt der Sichter einen Mahdhaken, hält ihn gegen das Korn und schlägt einige Male mit der Sichte dicht über den Boden, bis er genug zu einer „Garbe" (gebündeltem Getreide oder Stroh) hat. Mit der Sichte geht die Arbeit zwar langsamer voran als mit der Sense, dafür läßt sie sich aber gut bei Getreide einsetzen, das durch Nässe und Regen flachliegt. Die langwierige und unergiebige Arbeit mit Sichten und Sensen wurde im Laufe dieses Jahrhunderts vom Balkenmäher, dann vom Mähbinder und schließlich vom Mähdrescher abgelöst.

Fotos rechts unten und oben: Nach dem Schnitt werden die Garben – meistens von den Frauen – mit einem Strohband zusammengebunden. Die gebundenen Garben werden dann zu „Hocken" zusammengestellt und können so bis zur Einfahrt mit dem Erntewagen nachtrocknen.

Foto oben: Die Hocken – hier handelt es sich um Hafer – werden auf Leiterwagen geladen und eingefahren, wobei die Ladehöhe durch die Höhe der Dielentore vorgegeben ist. Dort wird das Getreide zunächst ungedroschen eingelagert und trocknet bis zum Drusch nach. Das Dreschen erfolgte traditionell mit einem Dreschflegel als Winterarbeit auf der Diele.

Foto unten: Hier wird Roggen eingefahren. Während der Leiterwagen auf obigem Bild noch von einem Pferd gezogen wird, ist nun ein Trecker im Einsatz. Den besten Überblick hat der Junge, der ganz oben auf dem Getreide sitzt.

Ein Hümmlingsbauer mit Pfeife blickt über das Land. Die tägliche harte Arbeit bei Wind und Wetter hat Spuren in seinem Gesicht hinterlassen. Im Hümmling, einem Höhenzug südlich des Küstenkanals, dominieren auf trockenen, ertragarmen Sandböden die Heideflächen, auf denen oft Schafe gehalten werden. Die natürliche Vegetation bestand einst aus Eichen-Birken-Wäldern, die durch Viehverbiß, starke Holznutzung und Plaggenstich übermäßig strapaziert wurden, so daß sich seit dem Mittelalter die Heide ausbreitete.

Foto links oben: Noch in alter Manier pflügt dieser Bauer sein Feld. Er hat zwei Pferde vor seinen Pflug gespannt und schreitet selbst dahinter, was bis in die fünfziger Jahre ein gewohntes Bild war. Die Schwere des Pfluges und die benötigte Anzahl der Zugtiere – auf ärmeren Höfen waren es manchmal auch Kühe – hingen von der Bodenart und der Hofgröße ab. Auf schweren Marschböden mußten bis zu sechs Pferde vorgespannt werden. Beim Pflügen wird der Boden durch die „Schar" waagerecht, durch das „Sech" senkrecht abgeschnitten und durch das „Streichbrett" gewendet. Der Bauer führt den Pflug an den „Sterzen".

Foto links unten: Fleißig bewerkstelligen die Frauen die Rübenernte. Die Zuckerrübe wird zur Gewinnung von Zucker (sie enthält etwa 15 Prozent Rohrzucker), zur Herstellung von Sirup (Rübenkraut) und als Viehfutter angebaut.

Foto oben: Der Traktor hat sich beim Pflügen festgefahren und wird herausgezogen werden müssen. Wegen des häufig auftretenden Problems des „Durchdrehens" der Räder gab es auch Traktoren mit eisernen Reifen, die jedoch von der Straße fernbleiben mußten, da sie alle Wege aufrissen, so daß sie nur auf größeren zusammenhängenden Flächen eingesetzt werden konnten.

Foto oben: Ein Ochsengespann zieht den reich geschmückten Erntewagen. Die Freude über den glücklichen Abschluß der Ernte ist groß und wird mit einem Erntefest gefeiert. Zu den zahlreichen Erntebräuchen zählt auch, daß die letzte Garbe besonders dick gebunden wird, um einen künftigen reichen Ertrag zu gewährleisten oder daß der letzte Hocken oder die letzten Halme (im Oldenburger Münsterland als der „Peterbult" oder „Pärbult" bezeichnet) stehengelassen oder besonders geschmückt werden, denn man will der Natur nicht alles nehmen.

Foto links unten: Für die Erntefeier wird eine schöne Erntekrone oder ein Erntekranz gebunden, der dann auf einem feierlichen Umzug präsentiert und an einem Erntebaum hochgezogen wird.

Foto rechts unten: Ein „Klettermaxe" auf dem Erntefest.

Foto oben: Auch allerlei unterhaltsame Spiele und Belustigungen gibt es auf so einem Erntefest. Hier findet ein Wett-Schiebkarrenlauf statt. Jeder will als erster das Ziel erreichen, aber die Milchkanne darf nicht herunterfallen, weil man sonst ausscheidet.

Fotos Seite 52-53: Für die Schweinemast werden Kartoffeln gedämpft. Die Kartoffeln werden in großen Dampftöpfen bei hoher Temperatur unter Druck gegart, dann auf einen Wagen verladen und an die Schweine verfüttert. Die Schwaden des heißen Wasserdampfes erfüllen die Luft, wenn die Männer die gedämpften Kartoffeln aus den Kesseln holen.

Der Torfabbau spielte in den waldarmen Küstengebieten zur Gewinnung von Heizstoff eine große Rolle. Torf stand im Gebiet des Oldenburger Landes, Ostfrieslands und des Emslandes mit seinen großen Mooren reichlich zur Verfügung. Er entsteht aus den Resten von Gräsern, Sumpfpflanzen, Moosen usw., die sich unter Luftabschluß zersetzen. Der Torf wird im Handstich durch Abstechen mit dem Spaten in länglichen rechteckigen Soden oder aber mit Baggern gewonnen. Im Rahmen der Fehnkolonisation („veen" heißt im Niederländischen Moor) wurde der Torf in großen Mengen abgebaut und mit Torfschiffen verfrachtet. Die langen Fehnsiedlungen erstreckten sich im Moor an kleinen Fehnkanälen, die der Entwässerung und zur Verschiffung dienten. Das Leben der Fehntjer, die in Hütten aus Heide- oder Torfsoden lebten, war ärmlich. „Den ersten sin Dod, den tweeten sin Not, den dritten sin Brot", hieß es über diese Siedler. Durch den Torfabbau gingen große Flächen der einmaligen Moorlandschaft mit ihrer reichen Tier- und Pflanzenwelt verloren. Deshalb stehen heute viele noch erhaltene Moore unter Naturschutz, andere werden renaturiert. Als Brennmaterial hat der Torf heute keine Bedeutung mehr, aber der getrocknete Streutorf (Torfmull) dient als Dünger.

Beim Torfgraben im alten Handstichverfahren wird zunächst die obere „Bunkerde“ des Weißtorfes abgegraben. Dann werden die Torfsoden mit einem Spaten („Sticker“) senkrecht eingestochen und mit dem Torfspaten („Tweekrieger“) waagerecht herausgestochen. Ein anderer Arbeiter (im Bild eine Frau) legt die Soden mit einer breiten Gabel („Pricke“) auf eine Torfkarre, mit der sie zum Trocknen gefahren werden. Nach einigen Tagen werden die Soden in kleinen Haufen („Stuken“) „aufgestukt“, zum gleichmäßigen Trocknen gelegentlich „umgestukt“ und schließlich zu einem „Bült“ gestapelt, der nach Bedarf abgefahren wird.

Ein Förderband erleichtert die Arbeit ein wenig, indem das Beladen und Abfahren der Torfkarre entfällt. Dennoch bleibt der Handstich eine sehr anstrengende Tätigkeit.

Ein Pferdegespann zieht drei schwer beladene Torfwagen hintereinander. Unablässig wird im Moor für Nachschub gesorgt, so daß die Wagen täglich rollen. Der Fuhrmann ist damit zufrieden.

Foto oben: In den ausgedehnten Heideflächen des Oldenburger Münsterlandes und des Emslandes wurden zahlreiche Schafe gehalten. Wurde die Wolle ursprünglich zu Tuchen verwoben, so ging man im 19. Jahrhundert vermehrt zum Verstricken über. Der Hümmling-Schäfer auf dem Bild hält sein Strickzeug in der Hand und hat einen Strumpf bereits fast vollendet. Seine „Haike", den gebräuchlichen Umhang, hat er sich über die rechte Schulter gehängt.

Foto rechts: Die Heidschnucken tummeln sich vor dem Schafstall, dessen tief herunterreichendes Dach von einem mächtigen Findlingssockel getragen wird. Dieser sehr typische Schafstall steht im Hümmling. Zwei vergleichbare Schafställe (vom Hof Drees in Varrelbusch und vom Hof Busse in Halter) sind heute im „Museumsdorf Cloppenburg" zu besichtigen.

Der Fischer rudert sein Boot nach dem Fang zurück an die Küste. Er hat einen Korb voller „Krabben“ gefangen, wie der Granat an der Nordseeküste genannt wird. Der Granat – auch Sandgarnele genannt – ist eine langschwänzige Krebsart, die bis zu sieben Zentimeter lang werden kann. Er ist eine Delikatesse dieser Region und hier das wichtigste Fangobjekt der Küstenfischerei. In alten Zeiten war er jedoch sehr preisgünstig und galt als „Arme-Leute-Essen“. Beim „Pulen“ muß man den Chitinpanzer mit einer drehenden Bewegung in der Mitte aufbrechen und das Granatfleisch mit einem gekonnten Griff aus der Schale herausziehen. Wenn der Körper dabei zerreißt, so gelangt man nicht an den begehrten Leckerbissen.

Foto oben: Beim Einholen der Fangkörbe kommt der „Slöp", der Watt- und Schlickschlitten (auch „Kreier" oder „Krayer" genannt), zum Einsatz. Der Fischer ergreift zur Bewegung des Slöp mit beiden Händen den Querholm, kniet auf dem hinteren Schlittenende und stößt mit dem Fuß ab, wobei auf dem glitschigen Watt eine beachtliche Schnelligkeit erreicht wird.

Foto rechts: Der Fischer holt die Granatkörbe ein. Die kegelförmigen Körbe aus Weidenruten oder Holzlatten werden im Watt reihenweise nebeneinander aufgestellt, wobei die Öffnung gegen den Ebbstrom weist. So wird der Granat bei ablaufendem Wasser abgefangen, sammelt sich im „Steertteil" des Korbes und kann vom Fischer bei Ebbe geholt werden.

Foto nächste Seite: Nebel hat sich über das flache Land gelegt und hüllt den Ziehbrunnen ein. Der Ziehbrunnen ist ein so typisches Bild dieser Landschaft, daß sich 1921 die Oldenburger Theaterzeitschrift und in den 1930er Jahren eine heimatkundliche Schriftenreihe nach ihm benannte.